BEI GRIN MACHT SICH IHR WISSEN BEZAHLT

- Wir veröffentlichen Ihre Hausarbeit, Bachelor- und Masterarbeit

- Ihr eigenes eBook und Buch - weltweit in allen wichtigen Shops

- Verdienen Sie an jedem Verkauf

Jetzt bei www.GRIN.com hochladen und kostenlos publizieren

Christine Kirsch

Franz Kafka: Die Verwandlung. Der Vater-Sohn-Konflikt

GRIN Verlag

Bibliografische Information der Deutschen Nationalbibliothek:

Die Deutsche Bibliothek verzeichnet diese Publikation in der Deutschen National-
bibliografie; detaillierte bibliografische Daten sind im Internet über http://dnb.d-
nb.de/ abrufbar.

Impressum:

Copyright © 2014 GRIN Verlag GmbH
Druck und Bindung: Books on Demand GmbH, Norderstedt Germany
ISBN: 978-3-656-61697-9

Dieses Buch bei GRIN:

http://www.grin.com/de/e-book/270243/franz-kafka-die-verwandlung-der-vater-
sohn-konflikt

GRIN - Your knowledge has value

Der GRIN Verlag publiziert seit 1998 wissenschaftliche Arbeiten von Studenten, Hochschullehrern und anderen Akademikern als eBook und gedrucktes Buch. Die Verlagswebsite www.grin.com ist die ideale Plattform zur Veröffentlichung von Hausarbeiten, Abschlussarbeiten, wissenschaftlichen Aufsätzen, Dissertationen und Fachbüchern.

Besuchen Sie uns im Internet:

http://www.grin.com/

http://www.facebook.com/grincom

http://www.twitter.com/grin_com

Elisabeth-von-Thüringen-Gymnasium

Facharbeit im Fach Deutsch

Der Vater-Sohn-Konflikt in Kafkas „Die Verwandlung"

Vorgelegt von

Elisabeth Kirsch

Inhaltsverzeichnis Seite:

1. Einleitung

Zwischen Franz Kafka und seinem Vater herrschten viele Differenzen. In dieser Facharbeit werden Parallelen zwischen der Familie Kafka und der Familie Samsa aufgestellt und belegt, dass Kafka Gregor Samsa als Metapher für sich selbst als ungeliebten Sohn erschaffen hat. Aber was genau war das Problem, das diesen Konflikt zwischen Kafka und seinem Vater verursachte, und inwiefern tritt es in der *Verwandlung* auf? Und vor allem, was hebt Kafkas Erzählung hervor und macht sie noch heute so interessant und aktuell? Hier sollen diese Fragen also alle beantwortet werden.

Dabei werden zuerst die Figuren der Familie aufgestellt und die Einstellungen und Beziehungen der Einzelnen zueinander und vor allem zwischen Gregor und dem Vater herausgearbeitet. Dann werden die Parallelen zwischen Kafka und Samsa anhand des *Briefes an den Vater* belegt, und es wird versucht, das eigentliche Problem, das zwischen Franz Kafka und seinem Vater existierte, zu erfassen.

Diese Facharbeit bietet einen kleiner Versuch, in die Phantasiewelt von Franz Kafka einzutauchen und sie zu verstehen.

2. Der Vater-Sohn Konflikt in der *Verwandlung*

2.1. Die Entstehung der *Verwandlung*

Am 17. November 1912 schreibt Kafka an seine Verlobte Felice Bauer: *„Ich werde [...] heute [...] eine kleine Geschichte niederschreiben, die mir in dem Jammer im Bett eingefallen ist. "*[1]

Mit dieser kleinen Geschichte ist *Die Verwandlung* gemeint, die er selber in einem weiteren Brief an Felice als ekelhaft bezeichnet hat und die er in drei Wochen vollendet hat.[2]

Franz Kafka ist zu diesem Zeitpunkt 29 Jahre alt und seine *„ermüdende, monotone Büroarbeit als Versicherungsangestellter und die Abhängigkeit von den Eltern, die für seine schriftstellerische Tätigkeit kein Verständnis aufbringen, rufen in ihm beständig Gefühle [...] der Unzufriedenheit mit seinem Leben hervor. "*[3]

---

1   Kafka, Franz: Briefe an Felice und andere Korrespondenz aus der Verlobungszeit. Hg. von Erich Heller und Jürgen Born. Fischer Taschenbuch Verlag. Frankfurt am Main 1976. S.102.

2   Vgl. Pfeiffer, Joachim: Franz Kafka. Die Verwandlung/ Brief an den Vater. Hg. von Michael Bogdal und Clemens Kammler. Oldenbourg Schulbuch Verlag. München 1998[1]. S.28f.

3   Ebd., S.29.

Die Ausgeburt dieser Unzufriedenheit ist das Ungeziefer Gregor Samsa, dessen tragisches Schicksal drei Jahre später im Oktoberheft der expressionistischen Zeitschrift *Die weißen Blätter* veröffentlicht wird.[4]

Das rätselhafte Insekt wollte Kafka nicht gezeichnet haben, so ist auf dem Deckblatt der Erstausgabe in Buchform von 1915 ein Mann abgebildet, der sein Gesicht mit seinen Händen bedeckt und mit dem Rücken zur Tür steht.[5]

2. 2. Die Figuren und ihre Bedeutung für Gregors Vaterproblem

2.2.1. Gregor der Käfer als Metapher für den unakzeptierten Sohns

Gregor, der Schuldträger, der Belastbare, der die Existenz seiner Familie vollständig trägt, findet sich eines Morgens in der Gestalt eines ungeheuren Ungeziefers wieder: *„Als Gregor Samsa eines Morgens aus unruhigen Träumen erwachte, fand er sich in seinem Bett zu einem ungeheuren Ungeziefer verwandelt."* (V, S.56)[6] . Anstatt entsetzt auf seine körperliche Veränderung zu reagieren, nimmt er diese relativ gelassen hin, während er sich Sorgen über die Verspätung im Beruf macht (vgl. V, S.57), den er zwar nicht liebt, aber für seine Familie ausübt, um die Schulden des Vaters abzutragen.

> *„Wenn ich mich nicht wegen meinen Eltern zurückhielte, ich hätte längst gekündigt, ich wäre vor den Chef hin getreten und hätte ihm meine Meinung von Grund des Herzens aus gesagt. Vom Pult hätte er fallen müssen."* (V, S.58)

Er ist ein abhängiger Angestellter, der trotz seiner harten Arbeit bloß die Liebe seiner Schwester bekommt (Vgl. V, S.75) und nach der Intention der Eltern ohne die Möglichkeit der eigenen Verwirklichung lebt.

Die plötzliche Verwandlung lähmt Gregor geradezu und lässt ihn in seinem Zimmer eingesperrt wie ein Tier und sowohl von der Gesellschaft als auch von der eigenen Familie isoliert vor sich hinvegetieren. Nur zur Schwester hat er insofern Kontakt, als dass sie sich wenigstens anfangs liebevoll um ihn bemüht: *„Gregor, brauchst du etwas?"* (V, S. 58) Gregor entdeckt schnell seine neuen Vorlieben, wie zum Beispiel die neue Vorliebe für *„halbverfaultes Gemüse"* oder *„ein(en) Käse, den Gregor vor zwei Tagen für ungenießbar erklärt hat"* (V, S.72), oder das Verkriechen unter das Kanapee (Vgl. S.71), Außerdem entdeckt er an sich neue körperliche Eigenschaften, wie zum

---

4   Vgl. Ebd., S.27.

5   Vgl. Binder, Hartmut: Franz Kafka. C.H. Beck Verlag. München 2009. S.137.

6   Das Kürzel V mit Seitenzahlen bezieht sich auf: Kafka, Franz: Die Verwandlung. In: Kafka, Franz: Sämtliche Erzählungen. Hg. von Paul Raabe. Fischer Taschenbuch Verlag. Frankfurt am Main 1982[18]. S.56-100.

Beispiel den „*starken Kiefer*" (V, S.65) und die vielen keinen Beinchen:

> „*[Gregor] fiel aber sofort, nach einem Halt suchend, mit einem kleinen
> Schrei auf seine vielen kleinen Beinchen nieder. Kaum war das geschehen,
> fühlte er zum erstenmal an diesem Morgen ein körperliches Wohlbehagen;
> die Beinchen hatten festen Boden unter sich; sie gehorchten vollkommen,
> wie er zu seiner Freude merkte [...] und schon glaubte er, die endgültige
> Besserung alles Leids stehe unmittelbar bevor.*" (V, S.68)

Gregor findet in seiner Einsamkeit neue Freuden, die sich von den alten Zeitvertreiben wie das Studieren des Fahrplans und Laubsägearbeiten (Vgl. V, S.63) unterscheiden. Er liebt es über Wände und Decken seines Zimmers zu kriechen und klebrige Spuren zu ziehen (Vgl. V, S.78-79), oder er schaut aus dem Fenster. (Vgl. V, S.76)

Die neuen Eigenschaften ersetzten allerdings seine alten, sodass Gregor nicht nur den aufrechten Gang, sondern auch das Sehvermögen (Vgl. V, S.77) und die Sprache, die durch ein „*nicht zu unterdrückendes, schmerzendes Piepsen*" (V, S.58) ersetzt wird, einbüßen muss. Gerade die Unmöglichkeit der Kommunikation macht es der Familie und Gregor schwer sich zu verständigen und wirft sie noch mehr auseinander.

Gregors Versuche aus seinem Zimmer auszubrechen scheitern eben auch aus diesem Grund. Zur gewünschten Übereinkunft mit dem Vater kann es so auch deshalb nicht kommen, weil die Familie nicht glaubt, dass Gregor sie überhaupt versteht (Vgl. V, S.95), und so wird er immer nur gewalttätig in sein Zimmer zurück gescheucht.

Gregor ist ein Gefangener in einer Welt, in die er nicht länger passt. Ob es also nun die Traurigkeit über das einsame Leben, die Unzufriedenheit über die Vernachlässigung der Pflege seines Zimmers (Vgl. V, S.88), die schmerzende Wunde vom Apfel, der in seinem Rücken verfault, (Vgl. V, S. 96) oder die Appetitlosigkeit angesichts der ihm dargebotenen Speisen (Vgl. V, S.87) ist, Gregor hört auf zu essen und sehnt sich nach einer ihm fremden Nahrung. (Vgl. V, S.92)

Diese Nahrung, nach der er sich sehnt, ist die Musik, das Violinenspiel seiner Schwester, und so stellt er sich die Frage: „*War er ein Tier, da ihn Musik so ergriff?*" (V, S.92) Eine rhetorische Frage, denn die Kunst ist das, was einen menschlich macht, und doch ist es die Nahrung, die er erst in Gestalt des Käfers zu brauchen scheint, und er erkennt erst jetzt den Sinn der Kunst.

Das Erlebnis mit der Musik, die schnell wieder verklingt, und den Reaktionen der Familie, die ihn loswerden will, lässt Gregor realisieren, dass ein Leben in dieser Welt für ihn bloß schlecht ist. Und so stirbt er kraftlos und völlig abgemagert, aber „*an seine Familie dachte er mit Rührung und Liebe zurück.*" (V, S.96)

Nun lässt sich die These aufstellen, dass Kafka in dem ungeliebten Käfer Gregor sich selbst verkörpert. Er benutzt Gregor als Metapher für den Sohn, der die Kunst liebt und vom Vater nicht geliebt wird. Diesen biographischen Bezug wird die anstehende Untersuchung des *Briefes an den Vater* beweisen. Zunächst sollen aber die weiteren Familienmitglieder beleuchtet werden.

2.2.2 Der übermächtige Vater

Der Vater macht im Laufe der Geschichte eine große Verwandlung durch. Er hat die *„letzten fünf Jahre nichts gearbeitet"* (V, S.76) und trug meistens bloß einen Schlafrock und saß auf seinem Lehnstuhl und hatte dabei *„viel Fett angesetzt"*. (V, S.76) Die Verwandlung des Vaters veranlasst Gregor zu der Frage: *„War das noch der Vater?"* (V, S.83), denn dieser tritt nun als machtvoller, geradezu übermächtiger Opponent Gregors und als Autoritätsperson der Familie auf:

> *„Nun aber war er recht gut aufgerichtet; in eine straffe blaue Uniform mit Goldknöpfen gekleidet, wie sie Diener der Bankinstitute tragen [...], unter den buschigen Augenbrauen drang der Blick der schwarzen Augen frisch und aufmerksam hervor; das sonst zerzauste weiße Haar war zu einer peinlich genauen, leuchtenden Scheitelfrisur niedergekämmt."* (V, S. 86)

Gegenüber Gregor sieht der Vater *„nur die größte Strenge für angebracht"* (V, S.84) und geht so bei Gregors Versuchen auszubrechen immer gewaltsam gegen diesen vor. Er stößt *„Zischlaute"* aus wie *„ein Wilder"* (V, S.69) und scheucht Gregor nicht nur zurück in sein Zimmer, sondern verletzt ihn dabei auch. Es bleibt dabei nicht bloß bei einer am Türrahmen wundgeriebenen Flanke (Vgl. V, S.69), bei Gregors zweitem Ausbruch wirft der Vater ihm einen Apfel in den Rücken, der eine langsam zum Tode führende Wunde verursacht:

> *„Aus der Obstschale auf der Kredenz hatte er sich die Taschen gefüllt und warf nun [...] Apfel für Apfel. [...] Ein schwach geworfener Apfel streifte Gregors Rücken [...]. Ein ihm sofort nachfliegender drang dagegen förmlich in Gregors Rücken ein."* (V, S. 84)

Der Vater ist Gregor in aller Hinsicht überlegen und Gregor hat ihm gegenüber keine Macht: *„[...] denn während der Vater einen Schritt machte, mußte er eine Unzahl von Bewegungen ausführen"* (V, S.84). So ist es ihm nicht einmal möglich, dem Vater zu entkommen.

Er ist also der Hauptverursacher von Gregors Niedergang und das nicht nur wegen der körperlichen Verletzungen, die er verursacht, sondern auch wegen den psychischen. Die Mutter und die Tochter unterstehen der väterlichen Autorität und können deshalb Gregor keine große Hilfe sein. Sie stehen dem Vater voll und ganz zur Verfügung: *„Während die Mutter ihr Nähzeug, die Schwester ihre Feder eiligst hinwarfen, um hinter dem Vater zu laufen und ihm weiter behilflich zu sein."* (V, S.86)

Gleichzeitig existiert neben dem häuslichen Bild des übermächtigen Vaters ein anderes Bild des Vaters, das besonders beim Umgang mit den drei Zimmerherren deutlich wird Der Vater tritt ihnen gegenüber unterwürfig entgegen: *„mit einer einzigen Verbeugung, die Kappe in der Hand"* (V, S.90).

Das übermächtige Vaterbild erfährt durch diese Unterwürfigkeit geradezu eine „Korrektur".[7]

Auch seine Stellung als Bankdiener zeugt nicht von einer besonders hohen Position, und doch stellt er sich stolz mit seiner Uniform vor die Familie, entwickelt einen Eigensinn, der sich aus dem Gefühl der Überlegenheit gegenüber der Familie entwickelt hat, und zieht die Uniform nicht mehr aus.

> *„Mit einer Art Eigensinn weigerte sich der Vater, auch zu Hause seine Dieneruniform abzulegen [...] Infolgedessen verlor die gleich anfangs nicht neue Uniform trotz aller Sorgfalt von Mutter und Schwester an Reinlichkeit, und Gregor sah oft ganze Abende lang auf dieses über und über fleckige, mit seinen stets geputzten Goldknöpfen leuchtenden Kleid, in dem der alte Mann höchst unbequem und doch ruhig schlief."* (V, S.86)

Der Vater ist eigentlich ein kleiner erfolgloser Mensch in schmuddeliger Kleidung, der alles an seinem Sohn ablädt. Zuerst musste Gregor die Schulden des Vaters abarbeiten, dann seine Wut und Aggressionen auf sich nehmen. Der Vater selber hat nichts in seinem Leben erreicht, außer der Vernichtung seines Sohnes.

2.2.3. Die treulose Schwester

Aus der Vorgeschichte von Grete kann man schließen, dass sie *„ein müßiggängerisches Leben als verwöhntes Bürgermädchen führte"*[8], weswegen sich die Eltern *„häufig über die Schwester geärgert hatten, weil sie ihnen als ein etwas nutzloses Mädchen erschienen war"* (V, S.78). Ihre Zeit in ihren siebzehn Jahren verbrachte sie damit, *„sich nett zu kleiden, lange zu schlafen, in der Wirtschaft mitzuhelfen, an ein paar bescheidenen Vergnügungen sich zu beteiligen und vor allem Violine zu spielen."* (V,

---

7   Vgl. Pfeiffer (1998), S.70.
8   Ebd., S.68.

Sie hatte immer im Gegensatz zu ihren Eltern ein sehr enges Verhältnis zu Gregor (Vgl. V, S.75) und so wollte dieser sie auf ein Konservatorium schicken, was für sie ein *„schöner Traum"* (Vgl. V, S.75) war. Ihre Nähe wird auch durch die Nähe ihrer Namen deutlich, deren erste drei Buchstaben identisch sind.

Jetzt, wo Gregor sozusagen ihre Rolle als Unnützer angenommen hat, verändert sich ihre Lage, und sie muss arbeiten und Verantwortung übernehmen. Diese Übernahme der Verantwortung zeigt sich zunächst in der Pflege von Gregor. Anfangs sorgt sie sich gut um ihn. Liebevoll bringt sie ihm süße Milch mit Brotstückchen und achtet dabei darauf, dass ausschließlich sie sein Zimmer betritt. (Vgl. V, S.71) Mit der Zeit distanziert sie sich aber mehr und mehr von ihm, und so wird aus dem anfänglichen Erschrecken vor Gregors Anblick (Vgl. V, S.72) mit der Zeit Ekel und Widerwillen vor der Pflege von Gregor und dem Betreten seines Zimmers:

> *„Kaum war sie eingetreten, lief sie, ohne sich Zeit zu nehmen, [...] geradewegs zum Fenster und riß es, als ersticke sie fast, mit hastigen Händen auf, blieb auch, selbst wenn es noch so kalt war, ein Weilchen beim Fenster und atmete tief."* (V, S.77)

Irgendwann vernachlässigt sie Gregor ganz und widmet sich mehr ihrer neuen Arbeit im Geschäft:

> *„Ohne jetzt mehr nachzudenken, womit man Gregor einen besonderen Gefallen machen könnte, schob die Schwester eiligst, ehe sie morgens und mittags ins Geschäft lief, mit ihrem Fuß irgendeine beliebige Speise in Gregors Zimmer hinein, um sie Abends, gleichgültig dagegen, ob die Speise vielleicht nur verkostet wurde oder [...] gänzlich unberührt war, mit einem Schwenken des Besens hinauszukehren."* (V, S.87 f.)

Während sich Gretes Position in der Familie wandelt, und sie an ihrer neuen Rolle wächst, schlägt ihre Liebe zu Gregor in Hass um. Sie lehnt Gregor als Bruder ab, indem sie ihn als *„Es"* (V, S.94) bezeichnet und als erste Person aus der Familie den *„Vernichtungswunsch"*[9] in sich trägt. Dieser Wunsch lässt sich erstmals in dem Vorhaben der Schwester erkennen, Gregors Zimmer ganz auszuräumen, was entgegen Gregors Willen ist (Vgl. V, S.81). Kurz vor Gregors Tod äußert sie: *„Weg muss es, [...] das ist unser einziges Mittel, Vater."* (V, S.94) Sie will Gregor loswerden, da ihr bewusst geworden ist, dass ein Leben mit ihm nicht möglich ist, und sie der Überzeugung ist, dass der Käfer nicht Gregor ist (Vgl. V, S.95). Mit der Abwendung von Gregor wendet sie sich ihrem Vater zu und wird so nicht die Gretel aus dem Grimm Märchen, die ihren

---

9   Ebd.

Bruder Hänsel erlöst, sondern wird zur abtrünnigen Verräterin, die ihren Bruder im Stich lässt[10]

Sie wird zur Anhängerin der Ablehnung des Vaters. Ganz nah ist sie zum Schluss dem Vater: *„Grete drückte bisweilen ihr Gesicht an den Arm des Vaters."* *(V, S.97)*

2.2.4 Die ohnmächtige Mutter

Die Mutter spiegelt die klassische Rolle der Ehefrau wider. Sie kümmert sich um Haushalt, Kinder und ihren Ehemann. Dabei hat sie nicht viel Macht und ordnet sich in ihrer Entscheidung dem Vater unter. Ihre Machtlosigkeit wird durch ihre gesundheitliche Situation noch unterstrichen, da sie Asthma hat und durch ihre ständigen Atembeschwerden schon beim Durchqueren der Wohnung angestrengt ist (Vgl. V, S.76) und andauernd in Ohnmacht fällt: *„[Sie] fiel inmitten ihrer rings um sie herum sich ausbreiteten Röcken hernieder."* (V, S.66) Bei dem Versuch zu helfen scheitert sie, wie zum Beispiel, als sie versucht den Vater aufzuhalten, Gregor zu verletzten, und *„[...] ihr auf dem Weg die aufgebundenen Röcke einer nach dem anderen zu Boden glitten, wie sie stolpernd über die Röcke auf den Vater eindrang [...]"* (V, S.85). Da sie gegen ihren Mann völlig machtlos ist, kann sie ihren Sohn also nicht verteidigen. Allerdings zeigt sie in ihrer mitfühlenden Position, die sie gegenüber den anderen vertritt, eine gewisse „Eigenständigkeit".[11]

Sie hat bezüglich Gregor immer noch die *„Hoffnung auf Besserung"* (V, S.80) und konstruiert sich ein Bild von Gregor, der momentan weg ist, aber *„wieder zu uns zurück kommt"* (V, S.80). Sie hat seine Veränderung noch nicht realisiert.

Die Mutter durchlebt im Gegensatz zu den anderen Familienmitgliedern keine große Verwandlung. Sie ist dem Vater unterlegen und selbst die Schwester kann sich ihr gegenüber durchsetzten. Die Mutter wäre die Einzige, die Gregor aus der Macht des Vaters befreien würde, wenn sie genügend Kraft dazu aufbringen könnte.

2.2.5. Fazit

Wenn man sich die Figurenkonstellation der Familie ansieht, erkennt man, dass alle um den Vater agieren und seine Macht unterstreichen. Während die Mutter, die ohnmächtige Frau, ihrem Mann untergeben ist, wendet sich die Tochter, die früher Gregor als

---

10   Vgl. Schmitz-Emans, Monika: Franz Kafka. Epoche-Werk-Wirkung. C.H. Beck Verlag. München 2010. S.170.
11   Pfeiffer (1998), S. 70.

Lieblingsfamilienmitglied hatte, ihm immer mehr zu und sucht Schutz bei ihm: *„Die Schwester hatte ihre Hände um des Vaters Hals gelegt."* (V, S.95) Gleichzeitig türmt sich die Macht des Vaters immer mehr auf, sodass Gregor in seiner Rolle als schwacher Käfer Angst hat unter dem Stiefel seines strengen Vaters zerquetscht zu werden, dem er nicht entfliehen kann: *„Gregor staunte über die Riesengröße seiner Stiefelsohlen."* *(V, S. 84)*

3. Die Spiegelung des Vater-Sohns Konflikts der *Verwandlung* im *Brief an den Vater*

Kafka schreibt den 50 Seiten langen *Brief an den Vater,* den sein Vater nie erhalten hat, sieben Jahre nach der *Verwandlung.*[12]

Dieses autobiographische Dokument beweist, wie sehr Samsas Schicksal mit Kafkas eigenem Schicksal verbunden ist.

Der Vater, der im Brief beschrieben wird, ist nicht weniger schrecklich als Samsas Vater, der seinen hilflosen Käfersohn aggressiv aus seinem Leben verbannt. Die Darstellung des Vaters aus dem Brief ist ebenfalls aggressiv und abweisend. So hat Kafkas Vater seine Untergebenen am Arbeitsplatz wie *„bezahlte Feinde"* (B, S.28)[13] behandelt.

> *„Dich aber sah ich im Geschäft schreien, schimpfen und wüten, wie es meiner damaligen Meinung in der ganzen Welt nicht wieder vorkam. [...] Wie Du zum Beispiel Waren, die du mit anderen nicht verwechselt haben wolltest, mit einem Ruck vom Pult hinunterwarfst [...] und der Kommis sie aufheben musste."* (B, S.27f.)

Dieser Mann war also Kafkas Vater, der Kafka schon von Anfang an das Leben schwer machte. Da Kafkas *„[...] Brüder klein starben, die Schwestern erst lange nachher kamen"* und Kafka so *„[...] also den ersten Stoß ganz allein aushalten mußte"* (B, S. 9), war der autoritäre und tyrannische Vater zu stark für den kleinen Kafka (B, S.9). Der Stoß versetzte ihm eine Wunde fürs Leben, wie der Apfel, den Gregors Vater in den Rücken des schwachen Käfers warf und damit eine tödliche Wunde verursachte (Vgl. V, S.84).

Kafka erschien sein Vater wie ein *„Tyrann"* (B, S.13), den zu beeinflussen oder auch bloß zu verstehen, er nicht in der Lage war: *„Du bekamst für mich das Rätselhafte, das alle Tyrannen haben, deren Recht auf ihrer Person, nicht auf dem Denken begründet ist."* (B, S.13) Ebenso wie Gregor, der sein Zimmer nicht verlassen darf, wurden Kafka

---

12   Vgl. Ebd., S.90f.
13   Das Kürzel B mit Seitenzahlen bezieht sich auf: Kafka, Franz: Brief an den Vater. Hg. von
       Michael Müller. Reclam Verlag. Stuttgart 1995.

„Gebote" (B, S.16) auferlegt, an die sich der Vater nicht halten musste. Für seinen Vater zählte nur seine eigene Meinung: *„Deine Meinung war richtig, jede andere war verrückt. "* (B, S.13) Das Wort des Sohns wurde ständig mit *„Donnerstimme"* (B, S.17) unterbunden, bis er das Sprechen zum Vater aufgab:

> *„Ich verlernte das Reden. Ich wäre wohl auch sonst kein großer Redner geworden, aber die gewöhnliche fließende menschliche Sprache hätte ich doch beherrscht. [...] ich bekam vor Dir [...] eine stockende, stotternde Art des Sprechens, auch das war Dir noch zu viel, schließlich schwieg ich, zuerst vielleicht aus Trotz, dann, weil ich vor Dir weder denken noch reden konnte. Und weil du mein eigentlicher Erzieher warst, wirkte das überall in meinem Leben nach. "* (B, S.18)

Dieser Sprachverlust erinnert an Gregors Sprachverlust, dessen Sprache zuerst zu einem *„schmerzlichen Piepsen"* (V, S.58) wurde und schließlich ganz versagte.

Kafka fühlte sich seinem Vater gegenüber minderwertig. *„Ich war ja schon niedergedrückt durch deine bloße Körperlichkeit [...]. Ich mager, schwach, schmal, Du stark, groß, breit [...]. "* (B, S.12) Gregor, der Käfer, der unzählige Schritte machen muss, *„während der Vater einen Schritt machte"* (V, S.84), muss sich gegenüber seinem Vater ebenso kraftlos und körperlich benachteiligt fühlen wie der kleine Franz.

Was war nun das Resultat dieser Erziehung, die von Ungerechtigkeit, starker Autorität und Desinteresse geprägt ist? Kafka empfand *„Wertlosigkeit"* (B, S.20) und *„Schuldbewusstsein"* (B, S.25). Josef Rattner beschreibt die Auswirkungen von Kafkas Kindheit folgendermaßen: *„Die Erziehung (im Sinne von Kafkas Vater) vernichtet die kindliche Persönlichkeit, lässt nur ein erniedrigendes und sich selbst verachtendes Ich aufkommen. "*[14] Rattner stellt sehr richtig die These auf, dass die Figur des Käfers aus Kafkas Gefühl der Nichtigkeit entsprungen ist.[15]

Die Ungeziefermetapher kann aber auch Kafkas Reaktion auf die Beleidigung des Vaters sein, der einen Freund von Franz Kafka, den jiddischen Schauspieler Löwy, als *„Ungeziefer"* (B, S.15) bezeichnet hat, da er nichts von Künstlern hielt. Kafka sieht sich ebenfalls als Künstler und kann diese Bezeichnung auf sich projiziert haben.

Das Schreiben ist Kafkas Kunst, die von seinem Vater nicht gebilligt wird, der er sich aber hingibt, da er im Schreiben seine Zuflucht findet:

> *„Hier [beim Schreiben] war ich tatsächlich ein Stück selbstständig von Dir weggekommen, wenn es auch ein wenig an den Wurm erinnert, der, hinten*

---

14   Rattner, Josef: Kafka und das Vater-Problem. Ein Beitrag zum tiefenpsychologischen Problem der Kindererziehung. Interpretation von Kafkas „Brief an den Vater". Ernst Reinhardt Verlag. München/Basel.1964. S.39.
15   Vgl. Ebd., S.26f.

von einem Fuß niedergetreten, sich mit dem Vorderteil losreißt und zur
Seite schleppt." (B, S.41)

Auch hier gibt es wieder eine Parallele zur *Verwandlung*: Gregors Spuren
hinterlassendes Kriechen an den Wänden und der Decke seines Zimmers, was ihn
erfreute, kann als Schreiben interpretiert werden.[16]

Insgesamt lassen sich viele Parallelen zwischen Gregor und Kafka aufweisen, sodass
man sagen kann, dass Kafka in dem Käfer Gregor das Ich seiner Gefühlswelt kreiert.

Der Rückzug von Beruf, Familie und Ehe des Käfers steht für Kafkas Rückzug aus dem
normalen Leben, das sein Vater beherrscht:

> *„Manchmal stelle ich mir die Erdkarte ausgespannt und Dich quer über sie*
> *ausgestreckt vor. Und es ist mir dann, als kämen für mein Leben nur die*
> *Gegenden in Betracht, die Du nicht bedeckst [...]. Und das sind nicht viele*
> *und nicht sehr trostreiche Gegenden, und besonders die Ehe ist nicht*
> *darunter."* (B, S.54)

So flüchtet sich Kafka in die Kunst des Schreibens, denn sie ist eine Gegend, die von
seinem Vater nicht abgedeckt ist, und in der er von seinem Vater und seinen
Minderwertigkeitskomplexen nicht beherrscht wird, jedoch ist die Gegend nicht sehr
„trostreich" und wohl der Ort, an dem man die Käfer findet.

4. Schlussbemerkung

Kafka erzählt also in seiner Erzählung *Die Verwandlung* die Geschichte des ungeliebten
Sohns, der aufgrund seines vom Vater verursachten Minderwertigkeitsgefühls die
Gestalt eines Käfers annimmt und so unter der Herrschaft des Vaters nicht weiter in
dessen Welt leben kann. Es ist der Rückzug und die Isolation vom Leben, die lähmende
Ohnmacht gegenüber dem Vater, die Gregor den Kampf und das Weiterleben unmöglich
machen, und so gibt er sich aufgebend dem Tod hin.

Dieser Käfer ist also Franz Kafka selbst, wie die Untersuchung dieser Facharbeit
ergeben hat. Er erzählt seine eigene Geschichte und erläutert seine eigenen Gefühle des
ohnmächtig Seins und der Unmöglichkeit, der Macht seines Vaters zu entkommen. Nur
wenn er schreibt, erlebt er eine Linderung seines Leidens.

---

16   Vgl. Fingerhut, Karlheinz: Die Verwandlung. In: Müller, Michael (Hg.): Interpretationen. Franz
      Kafka. Romane und Erzählungen. Reclam Verlag. Stuttgart 2003. S. 67.

Nun kommt wieder die Frage auf, warum die vor hundert Jahren verfasste Geschichte von dem machtlosen Käfer, der seinem tyrannischen Vater unterlegen ist, heute noch gelesen wird. Die Antwort ist, dass wir mehr oder weniger alle einer Macht unterliegen, die wir zu überwinden nicht in der Lage sind. Irgendwo sind wir alle Gefangene eines Zwangs, der uns in die Schranken weist. Heutzutage sind es zwar weniger die tyrannischen Väter, jedoch wirken ebenso Arbeitgeber, Schule etc. auf uns ein. Will Kafka also darauf aufmerksam machen, dass es unmöglich ist, sich von all dem loszusagen? Joachim Pfeiffer bringt es in einem Satz, mit dem diese Arbeit abgeschlossen werden soll, auf den Punkt:„*Sie [die Texte Kafkas] beschreiben die Unmöglichkeit des Menschen sich aus familiären, institutionellen, und metaphysischen Zwängen zu befreien.*"[17]

---

17   Pfeiffer (1998), S. 32.

Literaturverzeichnis

Primärliteratur

Kafka, Franz: Brief an den Vater. Hg. von Michael Müller. Reclam Verlag. Stuttgart 1995.

Kafka, Franz: Briefe an Felice und andere Korrespondenz aus der Verlobungszeit. Hg. von Erich Heller und Jürgen Born. Fischer Taschenbuch Verlag. Frankfurt am Main 1976.

Kafka, Franz: Die Verwandlung. In: Kafka, Franz: Sämtliche Erzählungen. Hg. von Paul Raabe. Fischer Taschenbuch Verlag. Frankfurt am Main 1982[18]. S. 56-100.

Sekundärliteratur

Anz, Thomas: Franz Kafka. C.H. Beck Verlag. München 2009.

Binder, Hartmut: Kafkas „Verwandlung". Stroemfeld Verlag. Frankfurt am Main 2004.

Fingerhut, Karlheinz: Die Verwandlung. In: Müller, Michael (Hg.): Interpretationen. Franz Kafka. Romane und Erzählungen. Reclam Verlag. Stuttgart 2003. (Durchgesehene und erweiterte Auflage).S. 42-75.

Meurer, Reinhard: Franz Kafka-Erzählungen. In: Oldenbourg Interpretationen (Band 18). HG. von Klaus Michael Bogdal und Clemens Kammler. R. Oldenbourg Verlag. München 1999[3].

Pfeiffer, Joachim: Franz Kafka. Die Verwandlung/ Brief an den Vater. Hg. von Klaus Michael Bogdal und Clemens Kammler. Oldenbourg Schulbuch Verlag. München 1998[1].

Rattner, Josef: Kafka und das Vater-Problem. Ein Beitrag zum tiefenpsychologischen Problem der Kindererziehung. Interpretation von Kafkas „Brief an den Vater". Ernst Reinhardt Verlag. München/ Basel 1964.

Ruf, Urs: Franz Kafka. Das Dilemma der Söhne. Das Ringen um die Versöhnung eines unauflösbaren Widerspruchs. Erich Schmidt Verlag. Berlin 1974.

Schmitz-Emans, Monika: Franz Kafka. Epoche-Werk-Wirkung. C.H. Beck Verlag. München 2010.